SANTO ROSARIO

Rezar el Rosario es aprender a mirar a Jesús
con los ojos de María, su Madre

Misterios:
gozosos, dolorosos, gloriosos, de la luz

Undécima reimpresión de la 1a. Edición 2012

ASOCIACIÓN MEXICANA DE PROMOCIÓN
Y CULTURA SOCIAL, A.C.
CIUDAD DE MÉXICO, 2023

ISBN: 978-607-8234-13-4
Undécima reimpresión de la 1a. Edición 2012
Asociación Mexicana de Promoción y Cultura Social, A.C.
Que auspicia al Instituto Mexicano de Doctrina Social Cristiana
Pedro Luis Ogazón No. 56
Col. Guadalupe Inn
C.P. 01020 Ciudad de México
Email: libreria@imdosoc.org
Página web: www.imdosoc.org
Elaboración de contenido: Armando Rejón

Presentación

El centro de nuestra fe es Cristo, Redentor del hombre. La Virgen María no lo eclipsa, ni eclipsa su obra salvífica. Pero la centralidad de Cristo no puede ser separada del papel desempeñado por la Virgen. ¡Ella lo llevó en su seno! No puede separarse a Jesús de María, ni a María de Jesús. La Virgen fue la primera que gustó los frutos de la encarnación, pasión, muerte y resurrección de su Hijo (*Catequesis del Papa*, 16.X.2002, n. 2), y ¡quién mejor que ella para conducirnos a la contemplación de todos los Misterios de la vida de Jesucristo!

El rezo del Santo Rosario nos permite ver con los ojos de la fe los principales episodios de la vida de Jesucristo, Nuestro Redentor y Señor, a través del corazón de la Virgen María, su Madre; nos pone en contacto con Jesús a través de la Virgen María, es decir, pone en sintonía con los Misterios de Cristo el ritmo de nuestra vida cotidiana, como la educación de nuestros hijos, la atención al esposo o a la esposa, la escuela, el trabajo, nuestras penas e incluso la muerte.

El rezo del Santo Rosario nos coloca dentro de la tradición de la Iglesia, le presentamos filialmente a la Santísima Virgen las situaciones, tanto ordinarias como difíciles, en las que se desarrolla nuestra vida individual, familiar, social, eclesial, a fin de que, exponiéndolas a su Hijo, obtenga de Él las gracias que necesitamos para que nosotros sepamos dar razón de nuestra fe, en medio de ellas.

Origen del Rosario

El Rosario hunde su raíz en la Tradición de la Iglesia. Ya en el siglo IV empieza a construirse con fórmulas breves de oración que se iban repitiendo numéricamente en tiempos determinados. Ya desde la época de los Padres de la Iglesia con el rezo de Padrenuestros y Avemarías se invitaba a poner atención en los Misterios de Cristo, sobre todo el de la Cruz en Viernes Santo, con una gran resonancia mariana. Se invitaba a rezar el Padrenuestro y el Avemaría, junto con el Credo como oración diaria que el pueblo recitaría. De ahí empieza a surgir el Rosario. El número de 150 salmos inspiró el salterio mariano de 150 Avemarías, divididas en tres partes de 50 Avemarías cada una.

Para contar las Avemarías se utilizó el número diez, que corresponde al número de los dedos de las manos, y luego se usó una cuerda con nudos, hasta llegar al rosario actual. Con el rezo del Rosario no se tuvo nunca la intención de sustituir a la liturgia ni a la Escritura, sino que la oración numérica unida a la meditación de la vida de Cristo, abría un espacio devocional invitando a la lectura de la Escritura.

En el siglo XII surgen los así llamados salterios marianos en comunidades de monjes a los que se unen «meditaciones sobre las alegrías de la Santísima Virgen» y luego en el siglo XIV, las «meditaciones de la vida de Cristo», atribuidas a san Buenaventura. Las meditaciones sobre la vida pública de Jesús comienzan con el Bautismo y concluyen con la Última Cena, dando relieve a la presencia de María. En el siglo XV el dominico Alano de la Roche le da al Rosario una forma definitiva: las primeras 50 Avemarías se rezan en honor de Cristo encarnado; las segundas, en honor de Cristo que sufre la Pasión, las restantes Avemarías en honor de Cristo que resucita, que sube al cielo y envía al Espíritu Santo. Ya en el siglo XVI, el Papa san Pío V suscribe una Bula en la que afirma: «El Rosario o Salterio de la Virgen es 'un modo de oración' a través de la cual María es venerada con el saludo del ángel repetido 150 veces según el número de salmos de David».

El Papa que más documentos escribió sobre María y el Rosario fue León XIII, quien exhorta a invocar a María con el Rosario para que ayude a la Iglesia de Cristo a dar respuesta a los males que agobian a la sociedad. La reciente carta apostólica de Juan Pablo II *Rosario de la Santísima Virgen María* del 16 de octubre de 2002, nos introduce en este río de la Tradición, proponiendo, una vez más, para afrontar los males de nuestra época por la intercesión de María, los Misterios de la Luz, para completar la contemplación del Rostro de Cristo. Su rezo debe llevarnos a tener en la memoria no simplemente hechos que sucedieron en el pasado, sino a confesar que Jesucristo actúa hoy en nuestra vida personal e historia actual, como nos lo recuerda su exhortación, con motivo del *Año Mariano* de 1987:

«En este *Año Mariano*, que he proclamado para que los fieles católicos miren cada vez más a María que nos precede en la peregrinación de la fe, y con maternal solicitud intercede por nosotros ante su Hijo, nuestro Redentor, deseo *confiar a ella* y *a su intercesión la difícil coyuntura* del mundo actual, los esfuerzos que se hacen y se harán, a menudo con considerables sufrimientos, para contribuir al verdadero desarrollo de los pueblos, propuesto y anunciado por mi predecesor Pablo VI».

El Rosario

La forma cerrada del instrumento que llamamos *Rosario* nos recuerda el vínculo de comunión y de fraternidad que nos une a Cristo. Está centrado en el Crucifijo: en Cristo se centra la vida y la oración de los creyentes, todo parte de Él, todo tiende hacia Él, todo a través de Él, en el Espíritu Santo, llega al Padre. También nos recuerda que es nuestro deber construir la verdadera fraternidad universal, en la que todo ser humano se sienta acogido, sin distinción de clase social, religión, cultura, nacionalidad: «La apertura a Dios, la enseñanza de una fraternidad universal y la promoción de la cultura de solidaridad» (Juan Pablo II, *Jornada Mundial de la Paz*, 2003, n. 9). Sólo los hombres y las mujeres de oración pueden ser artífices de una acción social y apostólica influyente.

El Rosario es la plegaria mariana en la que contemplamos los Misterios de la vida y de la obra de Cristo, Nuestro Señor. Rezar el Rosario es aprender a mirar a Jesús con los ojos de María, su Madre, a amar a Jesús con el Corazón de María.

Se empieza el rezo del Santo Rosario, diciendo todos juntos:
Por la señal de la Santa Cruz †
de nuestros enemigos †
líbranos, Señor, Dios nuestro †,
en el Nombre del Padre, del Hijo y del Espíritu Santo. †
Amén.

Haciendo la señal de la Cruz sobre nuestro cuerpo. Esto es signo de nuestra fe en la Santísima Trinidad.

Todos rezamos juntos:

«Yo confieso ante Dios Todopoderoso y ante ustedes, hermanos, que he pecado mucho de pensamiento, palabra, obra y omisión. Por mi culpa, por mi culpa, por mi gran culpa. Por eso ruego a Santa María, siempre Virgen, a los ángeles, a los santos, y a ustedes, hermanos, que intercedan por mí ante Dios, nuestro Señor». Amén.

El que preside el rezo del Santo Rosario dice:

«*Los Misterios que vamos a contemplar son los Misterios...*
(y anuncia los Misterios según el día correspondiente).

Orden de los Misterios a contemplar en el rezo del Santo Rosario:

Lunes y sábados:	Misterios gozosos	(págs. 15-25)
Martes y viernes:	Misterios dolorosos	(págs. 27-37)
Miércoles y domingos:	Misterios gloriosos	(págs. 39-49)
Jueves:	Misterios de la luz	(págs. 51-61)

Lunes: Porque la voluntad de Dios sea el principio y el fin de todas las personas.
Martes: Por los sacerdotes, religiosos y misioneros.
Miércoles: Por la unidad de la Iglesia y la paz del mundo entero.
Jueves: Por la niñez y la juventud.
Viernes: Por todos los difuntos.
Sábado: Por el pronto triunfo del Corazón Inmaculado de Nuestra Madre Celestial.
Domingo: Por la familia.

El rezo del Santo Rosario es un tejido cadencioso de diez Avemarías precedidas del rezo del Padrenuestro.

En el primero, tercero y quinto Misterio, el que preside el Rosario recita la primera parte del «Padrenuestro...», y la segunda parte «Danos hoy nuestro pan...» es recitado por las personas que participan.

Así también recita la *primera parte* de «Dios te salve, María,...» con *la respuesta* del «Santa María...» de parte de los participantes.

En los Misterios, segundo y cuarto, en cambio, *los participantes* recitan la *primera parte* del «Padrenuestro...», y la *segunda parte*, el «Danos hoy nuestro pan...», es respondido por la persona que preside el Santo Rosario. Lo mismo se hace con el Avemaría: *los participantes* recitan la *primera parte* de «Dios te salve, María,...», y la *segunda parte,* «Santa, María...», *la responde la persona que está presidiendo el rezo.*

El que preside dice: «Gloria al Padre, al Hijo y al Espíritu Santo».
Los que participan: «como era en un principio sea ahora y siempre por los siglos de los siglos. Amén».

La jaculatoria la dicen todos juntos:
— Si por tu sangre preciosa Señor los has redimido, que los perdones te pido por tu pasión dolorosa.
— María Madre de Gracia, Madre de misericordia, en la vida y en la muerte ampáranos gran Señora.

El que preside dice: la primera parte del «Padrenuestro...».
Los que participan: responden la segunda parte del Padrenuestro «Danos hoy nuestro pan...».

1.- *El que preside dice:*
   «Dios te salve, María, Hija de Dios Padre, el Señor es contigo, bendita eres entre todas las mujeres y bendito el fruto de tu vientre, Jesús».
   Los que participan:
   «Santa María, Madre de Dios,...

2.- *El que preside recita:*
   «Dios te salve, María, Madre de Dios Hijo, el Señor es contigo, bendita eres entre todas las mujeres y bendito el fruto de tu vientre, Jesús».
   Los participantes responden:
   «Santa María, Madre de Dios,...

3.- *El que preside recita:*
   «Dios te salve, María, Esposa del Espíritu Santo, el Señor es contigo, bendita eres entre todas las mujeres y bendito el fruto de tu vientre, Jesús».
   Los participantes responden:
   «Santa María, Madre de Dios,...

4.- *El que preside recita:*
   «Dios te salve, María, Templo, Trono y Sagrario de la Santísima Trinidad».
   Los participantes responden:
   «Dios te salve, Reina y Madre de misericordia, vida, dulzura y esperanza nuestra, Dios te salve, a Ti llamamos los desterrados hijos

de Eva, a Ti suspiramos, gimiendo y llorando, en este valle de lágrimas. ¡Ea, pues, Abogada nuestra!, vuelve a nosotros esos tus ojos misericordiosos, y después de este destierro muéstranos a Jesús, fruto bendito de tu vientre. ¡Oh, clemente!, ¡oh, piadosa!, ¡oh dulce siempre Virgen María!».

5.- *El que preside recita:*
«Ruega por nosotros, Santa Madre de Dios».
Los participantes responden:
«Para que seamos dignos de alcanzar las promesas y gracias de Nuestro Señor Jesucristo. Amén».

Letanías de la Santísima Virgen María

Señor, ten piedad de nosotros
Señor, ten piedad

Cristo, ten piedad de nosotros
Cristo, ten piedad

Señor, ten piedad de nosotros
Señor, ten piedad

Cristo, óyenos
Cristo, óyenos

Cristo, escúchanos
Cristo, escúchanos

Padre celestial que eres Dios
Ten piedad de nosotros

Hijo, Redentor del mundo, que eres Dios
Ten piedad de nosotros

Espíritu Santo que eres Dios
Ten piedad de nosotros

Santísima Trinidad, que eres un sólo Dios
Ten piedad de nosotros

Santa María
Santa Madre de Dios
Santa Virgen de las vírgenes
Madre de Cristo
Madre de la Divina Gracia
Madre Purísima
Madre Castísima
Madre Virgen
Madre Inmaculada
Madre amable
Madre admirable
Madre del buen consejo
Madre del Creador
Madre del Salvador
Virgen prudentísima
Virgen venerable
Virgen laudable
Virgen poderosa
Virgen clemente
Virgen fiel
Espejo de justicia
Trono de la Sabiduría
Causa de nuestra alegría
Vaso espiritual de elección
Vaso honorable de la Gracia
Vaso de insigne devoción
Rosa mística
Torre de David
Torre de marfil
Casa de oro
Arca de la Alianza
Puerta del cielo
Estrella de la mañana
Salud de los enfermos
Refugio de los pecadores
Consoladora de los afligidos
Auxilio de los cristianos

Ruega por nosotros

Reina de los ángeles
Reina de los Patriarcas
Reina de los Profetas
Reina de los Apóstoles
Reina de los mártires
Reina de los confesores
Reina de las vírgenes
Reina de orden de menores
Reina concebida sin pecado original
Reina llevada al cielo
Reina del santísimo Rosario
Reina de la paz

Ruega por nosotros

Cordero de Dios que quitas el pecado del mundo, perdónanos, Señor
Cordero de Dios que quitas el pecado del mundo, óyenos, Señor
Cordero de Dios que quitas el pecado del mundo, ten misericordia de nosotros

Todos recitan:

«Bajo tu amparo nos acogemos, Santa Madre de Dios, no deseches las súplicas que te dirigimos en nuestras necesidades, antes bien, líbranos siempre de todo peligro, Oh, Virgen gloriosa y bendita».

El que preside recita la oración del Santo Padre, Juan Pablo II:

«¡Oh, Rosario bendito de María, dulce cadena que nos une a Dios, vínculo de amor que nos une a los ángeles, torre de salvación contra los asaltos del infierno, puerto seguro en el común naufragio, no te dejaremos jamás!

Tú serás nuestro consuelo en la hora de la agonía. Para ti, el último beso de la vida que se apaga. Y el último susurro de nuestros labios será tu suave nombre. Oh, Reina del Rosario, oh, Madre nuestra querida. Oh, Refugio de los pecadores, oh, Soberana consoladora de los tristes. Que seas bendita por doquier, hoy y siempre, en la tierra y en el cielo».

El Santo Rosario se concluye con el rezo por las intenciones del Santo Padre, recitando, en la forma ya indicada, un «Padrenuestro...» y un «Dios te salve, María...», con el «Gloria al Padre, al Hijo y al Espíritu Santo. Amén».

Oraciones

ORACIÓN DE LA MAÑANA

Señor, abre mis labios.
Y mi boca proclamará tu alabanza.
Gloria al Padre, y al Hijo, y al Espíritu Santo,
como era en el principio, ahora y siempre,
por los siglos de los siglos. Amén.

HIMNO

Te doy gracias, Señor.
¡Tanto estabas enojado conmigo!
Tú eres un Dios de amor,
y ahora soy tu amigo,
te busco a cada instante y te persigo.

Eres Tú mi consuelo,
Tú eres el Dios que salva y da la vida;
eres todo el anhelo
de esta alma que va herida,
ansiándote sin tasa ni medida.

En mi tierra desierta,
Tú de la salvación eres la fuente;
eres el agua cierta
que se vuelve torrente,
y el corazón arrasa dulcemente.

¡Quiero escuchar tu canto!
¡Que tu Palabra abrace mi basura
con alegría y llanto!
¡Que mi vida futura
espejo sea sin fin de tu hermosura! Amén.

BENDICIÓN DE LA MESA

Cuando coman y cuando beban, háganlo todo para dar gloria a Dios.
R/ Bendito seas por siempre, Señor.
Oremos: Te bendecimos, Padre nuestro, porque tu Hijo Jesucristo
nos da el pan del cielo y el alimento de la tierra. Multiplica tus dones
para bien de todos los que nos hemos reunido alrededor de esta
mesa y haz que siempre que comamos, te demos las gracias. Por
Jesucristo, nuestro Señor. R/ Amén.

¡Oh Señora y Madre mía!, me entrego entéramente a ti.
Y como prueba de mi filial afecto te consagro en este día: mis oídos, mis ojos, mi lengua y corazón, en una palabra todo mi ser.
Te consagro cuanto tengo y cuanto soy.
Pues que ya soy todo tuyo, ¡Dulce Madre de bondad!, consérvame, defiéndeme como tu posesión. Amén.

ORACIÓN DE LA TARDE

Dios mío, ven en mi auxilio.
Señor, date prisa en socorrerme.
Gloria al Padre…

HIMNO

Como el niño que no sabe dormirse
sin cogerse a la mano de su madre,
así mi corazón viene a ponerse
sobre tus manos, al caer la tarde.

Como el niño que sabe que alguien vela
su sueño de inocencia y esperanza,
así descansará mi alma segura
sabiendo que eres tú quien nos aguarda.

Tú endulzarás mi última amargura,
Tú aliviarás el último cansancio,
Tú cuidarás los sueños de la noche,
Tú borrarás las huellas de mi llanto.

Tú nos darás mañana nuevamente
la antorcha de la luz y la alegría,
y, por las horas que te traigo muertas,
Tú me darás una mañana viva. Amén

ORACIÓN DESPUÉS DE LA COMUNIÓN

Señor, aviva cada vez más en nosotros
el deseo de recibir este pan eucarístico,
por medio del cual
nos comunicas Tú la vida verdadera.
Por Jesucristo, nuestro Señor. Amén

Oraciones

¡Dios mío! Yo creo y espero, te adoro y te amo. Te pido perdón por los que no creen ni esperan ni te adoran ni te aman.

¡Santísima Trinidad!, Padre, Hijo y Espíritu Santo. Te adoro profundamente, y te ofrezco el preciosísimo Cuerpo, Sangre, Alma y Divinidad de Jesucristo, presente en todos los sagrarios de la tierra, en reparación de los ultrajes, sacrilegios e indiferencias con que Él mismo es ofendido; y por los méritos infinitos de su Santísimo Corazón y del Corazón Inmaculado de María te pido la conversión de los pecadores y la paz para el mundo entero.

MARÍA, MI MADRE

María, Madre mía, Madre de Jesús, Madre nuestra, para sentirme unido a Jesús y a todos los hombres, mis hermanos, quiero llamarte Madre nuestra. Ven a vivir en mí, con Jesús tu Hijo amantísimo, este llamado de renovación total, en el silencio y en la vigilia, en la oración y en la ofrenda, en la comunión con la Iglesia y con la Trinidad, en el fervor de tu Magníficat, en unión con José, tu santísimo esposo, en tu humilde y amoroso trabajo de llevar a cabo el testamento de Jesús, en tu amor por Jesús y José, por la Iglesia y la humanidad, en tu fe inquebrantable en medio de tantas pruebas soportadas por el Reino, en tu esperanza —que actúa ininterrumpidamente— de construir un mundo nuevo de justicia y de paz, de felicidad y de verdadera ternura, en la perfección de tus virtudes, en el Espíritu Santo, para llegar a ser testigo de la Buena Nueva, apóstol del Evangelio.

Continúa, Madre, obrando en mí, orando, amando, sacrificándome; continúa haciendo la voluntad del Padre, continúa siendo la Madre de la humanidad. Continúa viviendo la Pasión y la Resurrección de Jesús. ¡Oh Madre, me consagro a Ti, todo a Ti, ahora y para siempre. Viviendo en tu espíritu y en el de José, viviré en el espíritu de Jesús, con Jesús, José, los ángeles, los santos y todas la almas. Te amo, Madre nuestra, y compartiré tu fatiga, tu preocupación y tu combate por el Reino del Señor Jesús. Amén! (Cardenal Van Thuan)

Misterios gozosos

Estos Misterios se contemplan
los lunes y sábados

Los primeros Misterios son llamados Misterios gozosos, porque nos permiten contemplar el rostro de Jesús desde su encarnación hasta su primera peregrinación al templo de Dios, y nos invitan a participar del gozo que embargó el corazón de la Virgen, quien «conservaba cuidadosamente todas estas cosas en su corazón» (*Lc* 2, 50), como el de todos aquellos que esperan la salvación prometida.

> **Oración**
>
> ¡Oh Dios!, que cuando María dio a luz a Jesús manifestaste al mundo a tu Hijo, concédenos que recibamos la fuerza de tu amor que nos salva. Por Jesucristo nuestro Señor. Amén (Juan XXIII).

La Encarnación del Hijo de Dios

«El origen de Jesucristo fue de esta manera: Su Madre, María, estaba desposada con José y, antes de empezar a estar ellos juntos, se encontró encinta por obra del Espíritu Santo. [...] El ángel del Señor se le apareció en sueños [a José] y le dijo: «José, hijo de David, no temas tomar contigo a María tu mujer porque lo engendrado en ella es del Espíritu Santo. Dará a luz un hijo, y le pondrás por nombre Jesús, porque Él salvará a su pueblo de sus pecados» (*Mt* 1, 18-21).

Reflexión

Al contemplar el Misterio de la Encarnación del Hijo de Dios en el seno de la Virgen María por obra del Espíritu Santo, nuestro corazón agradece a Jesús que nos haya dado a conocer el Rostro de su Padre, siempre compasivo y misericordioso para con nosotros pecadores, (cfr. *Rm* 5, 8), así como la presencia del Espíritu Santo en medio de nosotros. Nuestra mirada se dirige, llena de alegría, al misterio de la Santísima Trinidad, Benignísimo y Sapientísimo Dios, que ha querido llevar a término la redención del hombre, enviándonos a su Hijo, nacido de mujer para que recibiéramos la adopción de hijos (cfr. *Ga* 4, 4-5).

A la Virgen María, quien recibió al Hijo de Dios en su corazón y en su cuerpo y le dio la vida, debemos honrarla como verdadera Madre de Dios Redentor, hija predilecta del Padre, Templo y Sagrario del Espíritu Santo.

Jaculatoria

«Santa María, Santa Madre de Dios, ruega por nosotros».

Fragmento: *La Anunciación*,
Cristóbal de Villalpando

Santa María, visita a su prima santa Isabel

«En aquellos días, se puso en camino María y se fue con prontitud a la región montañosa, a una ciudad de Judá, entró en casa de Zacarías y saludó a Isabel. En cuanto oyó Isabel el saludo de María, saltó de gozo el niño en su seno, Isabel quedó llena del Espíritu Santo, y exclamó a gritos: 'Bendita tú entre las mujeres y bendito el fruto de tu seno y ¿de dónde a mí que venga a verme la Madre de mi Señor? Porque apenas llegó a mis oídos la voz de tu saludo, saltó de gozo el niño en mi seno'. ¡Feliz la que ha creído que se cumplirán las cosas que le fueron dichas de parte del Señor!». (*Lc* 1, 39-45).

Reflexión

María nos da el ejemplo. Su fe en Dios se vuelve caridad para con los hombres. Se dirige a la casa de su prima Isabel que está esperando a su hijo, Juan, quien la reconoce y proclama como la Madre del Señor Jesús. Desde entonces, la Virgen María es invocada por todas las generaciones como «dichosa», porque supo ser dócil a la guía del Espíritu Santo para tener fe y para ir al encuentro de los hombres en sus necesidades.

A la Virgen María invoquemos para que nos ayude a hacer de nuestra fe un camino de encuentro con los demás, particularmente con los más necesitados. Bajo su protección, los hombres siempre encontremos refugio.

Jaculatoria

«Santa María, Madre de Jesús, ruega por nosotros».

Fragmento: *La Visitación*,
San Michele y Carmignano, 1528-1530

El nacimiento del Niño Jesús

«Y sucedió que, mientras ellos estaban allí, se le cumplieron los días del alumbramiento y dio a luz a su Hijo primogénito, le envolvió en pañales y le acostó en un pesebre, porque no tenían sitio en el albergue. Un ángel les anunció a los pastores: 'Hoy ha nacido para ustedes el Salvador, que es Cristo Jesús'. [..] Una multitud de ángeles cantaban: 'Gloria a Dios en el cielo, y en la tierra paz a los hombres'» (*Lc* 2, 6-14).

Reflexión

Al contemplar el nacimiento de Jesús aprendemos el carácter sagrado de la vida. María nos da a Jesús, como Don de Dios para todos los hombres, a fin de que nuestra vida se construya en paz a través de relaciones sociales de amistad, de amor fraterno y de servicio a los demás. Acoger a Jesús en el corazón es descubrir el misterio de nuestra vocación cristiana: ser constructores de paz.

María presenta en todos los pueblos a Jesús. A los que estaban cerca, los pastores, como a los que vienen de lejos, los Magos, mientras los ángeles cantan el proyecto de Dios sobre los hombres: «Paz entre los hombres». La paz es un Don de Dios: es Cristo, pero también es tarea de los hombres.

Jaculatoria

«Santa María, Madre del Príncipe de la Paz, ruega por nosotros».

Fragmento: *El nacimiento de Jesús,*
Miguel Cabrera

Circuncisión y presentación del niño Jesús en el templo

«Cuando se cumplieron los ocho días para circuncidarle, se le puso el nombre de Jesús, el que le dio el ángel antes de ser concebido. Cuando se cumplieron los días en que debían purificarse, según la Ley de Moisés, llevaron a Jesús a Jerusalén para presentarle al Señor y para ofrecer en sacrificio un par de tórtolas o dos pichones, conforme a lo que se dice en la Ley del Señor» (*Lc* 2, 21-24).

Reflexión

María, junto con José su esposo, en obediencia a la Ley del Señor somete a su Hijo a la ley de la circuncisión y le da el nombre de Jesús, como el ángel le dijo el día de la Encarnación, y luego, también conforme a la Ley del Señor, va al Templo de Jerusalén a purificarse.

Por medio de María, Dios se acerca al hombre, se hace cercano a todo hombre; Dios es uno de los nuestros. Él es «Dios con nosotros». Cuando nos acercamos a otra persona en paz, aprendemos a vivir según la Justicia de Dios.

Jaculatoria

«Santa María, auxilio de los cristianos, ruega por nosotros».

Fragmento: *Presentación de Jesús en el templo,*
Luis Juárez

Jesús perdido y hallado en el templo

«Sus padres iban todos los años a Jerusalén a la fiesta de Pascua. Cuando cumplió doce años, subieron como de costumbre a la fiesta. Al volverse, pasados los días, el niño Jesús se quedó en Jerusalén, sin saberlo sus padres. Creyendo que estaría en la caravana, hicieron un día de camino, y lo buscaban entre los parientes y conocidos; pero al no encontrarlo, se volvieron a Jerusalén en su busca. Al cabo de tres días, lo encontraron en el Templo sentado en medio de los maestros... Cuando lo vieron quedaron sorprendidos y su madre le dijo: 'Hijo, ¿por qué nos has hecho esto? Mira, tu padre y yo, angustiados, te andábamos buscando'. Él les dijo: 'Y ¿por qué me buscaban? ¿No sabían que yo debía estar en la casa de mi Padre?'. Pero ellos no comprendieron la respuesta que les dio. Bajó con ellos y vino a Nazaret y vivía sujeto a ellos. Su madre conservaba cuidadosamente todas las cosas en su corazón. Jesús crecía en sabiduría, en estatura y gracia ante Dios y ante los hombres» (*Lc* 2, 41-52).

Reflexión

Este episodio no es una anécdota curiosa, sino «el único suceso que rompe el silencio de los Evangelios sobre los años ocultos de Jesús, dejándonos entrever el Misterio de su Misión que desarrollaría en los años venideros: una Misión que culminará con la verdadera Pascua: Jesús es encontrado al tercer día, como anuncio de su Resurrección, y es hallado por sus padres en el Templo de Dios, anuncio anticipado de que Él es el verdadero Templo de Dios, a fin de que todos los que caminamos en la fe, como María y José, caminemos en la presencia del Padre Dios (cfr. *Catecismo de la Iglesia Católica* n. 534). El ejemplo de María de ir en búsqueda de Jesús nos invita a preguntarnos: ¿Buscamos a Jesús en nuestra vida cotidiana?

Jaculatoria

«Santa María, Madre del Salvador, ruega por nosotros».

(regresa a la página 8)

Fragmento: *Cristo entre los doctores de la Ley,*
Museo del Prado, Madrid, 1555-1565

SAN JOSÉ

Yo te saludo José
lleno eres de gracia
el Señor es contigo.

Bendito eres porque
recibiste en tu casa
al Hijo del Altísimo.

San José ruega por nosotros
que amamos tan poco y tan mal,
ahora y en la hora de nuestro encuentro.
Amén.

SAGRADA FAMILIA

Señor Tú quisiste tener
una familia humana,
sí, todos somos tu familia.

Danos una fe recta,
una esperanza sólida y
una caridad perfecta,
para seguirte en el camino
de la vida.

Misterios dolorosos

La contemplación del rostro de Cristo doliente nos lleva al corazón del Misterio de nuestra redención humana, la Pascua anunciada en el quinto Misterio Gozoso. Los sufrimientos de Cristo, Pasión y muerte, no son simplemente el resultado de fuerzas que quieren destruir al inocente, sino la expresión más auténtica del Amor Divino, amor redentor: «Porque tanto amó Dios al mundo que dio a su Hijo Unigénito, para que todo el que crea en Él no perezca, sino que tenga vida eterna. Porque Dios no ha enviado a su Hijo al mundo para juzgar al mundo, sino para que el mundo se salve por Él» (*Jn* 3, 16-17). Cristo doliente es el Testigo del amor de Dios, rico en misericordia, que se ha acercado a todo hombre para ofrecerle la Buena Nueva: Él ha asumido libre y voluntariamente el sufrimiento del hombre y de todo hombre para eliminar de raíz el sufrimiento, el pecado y la muerte, y así iluminar los sufrimientos presentes en la vida humana; ellos nos unen a Cristo Redentor en su Misión de anunciar a los demás hermanos la alegría del sentido redentor de nuestros sufrimientos: «Me alegro de mis padecimientos por ustedes» (*Col* 1, 24). Es en la pasión de Jesús donde Dios manifiesta abiertamente su corazón compasivo de Padre, al contemplar a Cristo reconciliando al mundo con Dios Padre.

En este itinerario nos acompaña la Virgen María, quien, en cierto modo, en su misión de Madre de Jesús, está llamada a compartir la misión de su propio Hijo Redentor. «Una espada te atravesará el alma» (*Lc* 2, 35), como le había anunciado el anciano Simeón.

Oración

¡Oh Dios!, que junto a tu Hijo elevado sobre la Cruz, quisiste la presencia de su Madre Dolorosa, haz que la Iglesia, asociada a la pasión redentora, participe de la gloria del Señor nuestro resucitado, que vive y reina contigo en la unidad del Espíritu Santo por los siglos de los siglos. Amén (Pablo VI).

La oración de Jesús en el huerto de Getsemaní

«Entonces va Jesús con ellos a una propiedad llamada Getsemaní, y dice a los discípulos: 'Siéntense aquí, mientras voy allá a orar'. Y tomando consigo a Pedro y a los dos hijos de Zebedeo, comenzó a sentir tristeza y angustia. Entonces les dice: 'Mi alma está triste hasta el punto de morir, quédense aquí y velen conmigo'. Y adelantándose un poco, cayó rostro en tierra, y suplicaba así: 'Padre mío, si es posible que pase de mí esta copa, pero no sea como yo quiero, sino como Tú quieres'» (*Mt* 24, 36-39).

Reflexión

Este primer Misterio doloroso nos enseña que Jesús se fortifica con la oración para realizar la obra que el Padre Dios le encomendó: la Redención del hombre. Es decir, que las personas humanas, hombres y mujeres, nos reconciliemos con Dios y con los demás, y aprendamos a vivir como hijos de Dios y hermanos entre sí.

¿Al levantarnos, cada día, oramos a Jesús para cumplir con nuestros deberes? ¿Oramos por los que nos han hecho mal? ¿Nos preocupamos por atender las necesidades de las personas más pobres?

Jaculatoria

«Santa María, auxilio de los cristianos, ruega por nosotros».

Fragmento: *Cristo consolado por los ángeles*,
Miguel Cabrera

«Entonces Pilato entró de nuevo al pretorio, llamó a Jesús y le dijo: '¿Eres tú el rey de los judíos? [...]'. Respondió Jesús: 'Sí, como dices, soy Rey. Yo para esto he nacido y para esto he venido al mundo: para dar testimonio de la verdad. Todo el que es de la verdad, escucha mi voz'. Pilato preguntó: '¿Qué es la verdad?'. Y dicho esto, volvió a salir hacia los judíos y les dijo: 'Yo no encuentro ningún delito en Él. Pero es costumbre entre ustedes que ponga en libertad a uno por la Pascua. ¿Quieren, pues, que les ponga en libertad al rey de los judíos?'. Ellos volvieron a gritar diciendo: '¡A ese, no; a Barrabás!'. Barrabás era un salteador. Pilato entonces tomó a Jesús y mandó azotarle» (*Jn* 18, 33; 9, 1).

Reflexión

Este segundo Misterio doloroso nos invita a contemplar a Jesús, que ha probado voluntariamente en su carne la profunda maldad de nuestros pecados: ellos nos apartan de vivir en la verdad, es decir, no querer reconocernos y vivir como hijos de Dios y hermanos entre nosotros.

Acudamos con confianza a la Virgen María, Madre de Jesús, para que nos alcance de Su Hijo la gracia de dar testimonio de Cristo en toda nuestra vida.

Jaculatoria

«Santa María, Madre de los afligidos, ruega por nosotros».

Fragmento: *Cristo consolado por los ángeles,*
Juan Patricio Morlete Ruiz

La coronación de espinas

«Los soldados trenzaron una corona de espinas, se la pusieron en la cabeza, y acercándose a Él, le decían: 'Salve, Rey de los judíos'. Y le daban bofetadas. Volvió a salir Pilato y les dijo: 'Miren, se los traigo fuera para que sepan que no encuentro ningún delito en Él'. Salió entonces Jesús fuera llevando la corona de espinas y el manto de color púrpura. Les dice Pilato: 'He aquí al hombre'» (*Jn* 19, 2-5).

Reflexión

La contemplación de este doloroso Misterio responde a la pregunta que Pilato le hizo a Jesús sobre ¿qué es la verdad? La respuesta es dada ¡He aquí al Hombre! Esta es la verdad: el hombre sólo es realmente tal cuando va en busca del hombre, cuerpo y alma, por el que Jesús padece para devolverle al camino de su propia dignidad.

Pidamos la protección e intercesión de la Virgen María para que siempre cumplamos nuestro deber de respetar los derechos de todas las personas, empezando por el de la vida.

Jaculatoria:

«Santa María, refugio de los pecadores, ruega por nosotros».

Fragmento: *Coronación de espinas*
Antonio Van Dyck, 1599-1641

«Tomaron, pues, a Jesús, y Él cargado con su cruz, salió hacia el lugar llamado Calvario, que en hebreo se llama Gólgota» (*Jn* 19, 17). «Cuando lo llevaron, echaron mano de un cierto Simón de Cirene, que venía del campo, y le cargaron la cruz para que la llevara detrás de Jesús. Le seguía una multitud del pueblo y mujeres que se dolían y se lamentaban por Él» (*Lc* 23, 26-27).

Reflexión

En este camino hacia la cruz, sigue resonando aquel ¡He ahí el Hombre! pronunciado solemnemente por Pilato: la contemplación de este Misterio nos recuerda que no basta con lamentarse de la situación dolorosa en que se encuentra nuestro prójimo, sin que nosotros hagamos algo por él.

A esta labor estamos llamados, junto con todos los hombres de buena voluntad, todos los cristianos, y de manera especial los seglares. Nos acompaña en este camino la Santísima Virgen, «Estrella de la nueva evangelización».

Jaculatoria:

«Santa María, Estrella de la Nueva Evangelización, ruega por nosotros».

Fragmento: *Cristo cargando la cruz,*
Lorenzo Lotto

La crucifixión y muerte de Nuestro Señor Jesucristo

«Y allí lo crucificaron y con Él a otros dos ladrones, uno a cada lado, y Jesús en medio de ellos [...] Junto a la Cruz de Jesús estaban Su Madre y la hermana de Su Madre, María, mujer de Cleofás, y María Magdalena. Jesús viendo a Su Madre y junto a ella al discípulo que amaba, dice a Su Madre: 'Mujer, ahí tienes a tu hijo' Y luego dice al discípulo, 'ahí tienes a tu Madre' y desde esta hora el discípulo la acogió en su casa. Después de esto, sabiendo Jesús que ya todo estaba cumplido, para que se cumpliera la Escritura, dice: 'Tengo sed'. [...] Cuando tomó Jesús el vinagre, dijo: 'Todo está cumplido'. E inclinando la cabeza entregó el Espíritu» (*Jn* 19, 17-30).

Reflexión

La contemplación de Jesús crucificado nos lleva a expresar nuestro acto de fe más profundo en el misterio de la Encarnación: Jesús es verdaderamente el Hombre que con su humanidad asume sobre Sí los sufrimientos de todos los hombres de todas las épocas para librarnos del enemigo: el pecado y la muerte. La muerte no desemboca en el dominio de Satanás, sino en Jesucristo que acoge misericordioso a los hombres en el momento de este trance definitivo. La Cruz es el lugar de revelación de la solidaridad de Cristo para con todos los hombres, al dar un nuevo sentido a nuestros sufrimientos y a nuestra muerte (cfr. 1 *Co* 15, 26). Jesús en la Cruz nos deja su testamento: Su Espíritu y Su Madre.

Jesús en la Cruz le descubre a María, su Madre, su misión en la obra de la Redención: ser Madre de todos los hombres que siempre podrán acudir a Ella en el momento de tribulación. ¿No estoy yo aquí que soy tu Madre?, nos dijo la Virgen de Guadalupe.

Jaculatoria

«Santa María, Madre de todos los hombres, ruega por nosotros».

(regresa a la página 8)

Fragmento: *La Crucifixión*,
Master Theoderich, 1370

Oraciones por la mañana

AL ÁNGEL DE LA GUARDA

Ángel de Dios, bajo cuya custodia me puso el Señor con amorosa piedad, a mí que soy tu encomendado, alúmbrame hoy, guárdame, rígeme y gobiérname. Amén.

AL ESPÍRITU SANTO

¡Ven Espíritu Santo!
Llena los corazones de tus fieles
y enciende en ellos el fuego de tu amor.
Envía tu Espíritu y todo será creado,
y renovarás la faz de la tierra.
¡Oh Dios!, que has iluminado los corazones de tus hijos con la luz del Espíritu Santo,
haz que seamos dóciles a tu Espíritu para gustar siempre el bien
y gozar de tu consuelo. Por Jesucristo, Nuestro Señor. Amén.

VEN CONMIGO

Libra mis ojos de la muerte,
dales la luz que es su destino,
yo, como el ciego del camino,
pido un milagro para verte.

Haz de esta piedra de mis manos
una herramienta constructiva:
cura su fiebre posesiva
y ábrela al bien de mis hermanos.

Que yo comprenda Señor mío
al que se queja y retrocede;
que el corazón no se me quede
desentendidamente frío.

Guarda mi fe del enemigo
¡Tantos me dicen que estás muerto!
Tú que conoces el desierto
dame tu mano y ven conmigo.

Misterios gloriosos

¡Cristo ha resucitado! es la expresión fundamental de la fe cristiana. Si Jesús no resucitó vana es nuestra fe. La contemplación de los Misterios gloriosos nos hace revivir la alegría de aquellos a los que el Resucitado se manifestó, y nos unen al gozo de María al ver a su Hijo glorificado, para que tomemos conciencia cada vez más de que somos hijos de Dios en el Hijo de Dios, asociados a la obra de la redención humana y llamados a participar de la gloria de Jesús en la visión de Dios. Si no fuera así, vana sería nuestra fe (cfr. 1 *Co* 15, 14).

La contemplación del Cristo glorificado nos impulsa a «remar mar adentro», es decir, a dar testimonio con nuestro estilo de vida de que, en Cristo Resucitado, Dios ofrece la salvación al mundo. La contemplación del Rostro del Resucitado y glorificado es, pues, la razón para ir al encuentro del hombre concreto que vive su vida navegando en las aguas del individualismo, del materialismo, del consumismo, de los placeres hacia metas de bienestar egoístas, con el sólo pensamiento de que «comamos y bebamos que mañana moriremos» (1 *Co* 15, 32), sin importarle ni Dios y su Cristo, viviendo como si ellos no existieran, ni la estela de sufrimientos en millones de mexicanos.

Oración

¡Oh Dios!, que has elegido como Madre y Reina nuestra a la Virgen María, de quien nació el Rey del universo, por su intercesión concédenos la gloria prometida a los creyentes en el reino de los cielos. Por Jesucristo, Nuestro Señor. Amén (Juan Pablo II).

«Pasado el sábado, María Magdalena, María la de Santiago y Salomé compraron aromas para ir a embalsamar [el Cuerpo de Jesús]. Y muy de madrugada, el primer día de la semana, a la salida del sol, van al sepulcro. Se decían una a otras: ¿Quién nos retirará la piedra de la puerta del sepulcro? Levantan la mirada y ven que la piedra estaba ya retirada; y eso que era muy grande. Entraron en el sepulcro y vieron a un jóven sentado al lado derecho, vestido con una túnica blanca, y se asustaron. Pero él les dice: 'No se asusten. Buscan a Jesús de Nazaret, el Crucificado; ha resucitado, no está aquí. Vean el lugar donde le pusieron. Pero vayan a decir a sus discípulos y a Pedro, que irá delante de ustedes a Galilea; allí lo verán, como se los dijo'» (*Mc* 16, 1-7).

Reflexión

La contemplación del rostro de Cristo no puede reducirse a su imagen de Crucificado. ¡Él ha resucitado! y Dios es testigo de ello. Cristo Resucitado nos enseña que la muerte no es el final del hombre, sino la entrada a la verdadera vida.

El sepulcro no puede encadenar al hombre, porque Jesucristo es Nuestra Pascua. Jesús Resucitado quita la piedra al sepulcro que impide a los hombres construir la historia de un mundo más digno, más humano. La resurrección de Jesús es lo que da sentido a la historia de los hombres, por eso decimos que Jesús es el Señor de la historia.

Jaculatoria

«Santa María, Madre de Jesús Resucitado, ruega por nosotros».

Fragmento: *La Resurrección,*
Pietro Paolo Rubens, 1517-1640

«Al verlo lo adoraron; algunos sin embargo dudaron. Jesús se acercó a ellos y les habló así:[..] 'Vayan, pues, y hagan discípulos a todas las gentes bautizándolas en el nombre del Padre, y del Hijo y del Espíritu Santo', y enseñándoles a guardar todo lo que yo les he mandado. Y sepan que Yo estoy con ustedes todos los días hasta el fin del mundo» (*Mt* 28, 17-20). 'Ustedes recibirán la fuerza del Espíritu Santo, que vendrá sobre ustedes, y serán mis testigos [...] hasta los confines de la tierra'. Dicho esto, fue levantado en presencia de ellos, y una nube lo ocultó a su vista. Estando ellos mirando fijamente el cielo mientras se iba, se les aparecieron dos hombres vestidos de blanco que les dijeron: 'Galileos, ¿qué hacen ahí mirando al cielo? Éste, que os ha sido llevado, este mismo Jesús, vendrá así tal como le habéis visto subir al cielo'» (*Hch* 1, 8-11).

Reflexión

La contemplación de la Ascensión del Señor llena nuestra vida de esperanza, y mueve nuestro corazón a expresar nuestra fe en Él, el Resucitado, a través del perdón y del cumplimiento pleno de nuestros deberes temporales.

¿Es posible llamarnos discípulos de Cristo, aspirar a donde Él ha llegado y no saber perdonar al que nos ofende y cerrar nuestro corazón al necesitado? ¿Podemos considerarnos realmente testigos de Cristo cuando nos contentamos con asistir a Misa los domingos o, quizás, sólo cuando nos invitan a una boda o primera comunión, pero toda nuestra vida transcurre como si Cristo y los demás no existieran?

Jaculatoria

«Santa María, Espejo de justicia, ruega por nosotros».

Fragmento: *La Ascención*,
Juan Rodríguez Juárez

«Todos [los Apóstoles] permanecían en oración en compañía de María». [...]. De repente vino del cielo un ruido [...] Se les aparecieron unas lenguas como de fuego que se repartieron y se posaron sobre cada uno de ellos; se llenaron del Espíritu Santo y se pusieron hablar en lenguas diferentes, según el Espíritu les concedía expresarse. [...] Al producirse aquel ruido la gente se congregó y se llenó de estupor, porque cada uno los oía hablar en su propia lengua. [...] y se decían unos a otros: '¿Qué significa todo esto?'. Otros, en cambio, decían riéndose: '¡están borrachos!'» (*Hch* 1, 14; 2, 1-13).

Reflexión

La contemplación de este misterio nos lleva, en primer lugar, a fijar los ojos en la actitud de María: Ella lleva a la práctica el mandato de Jesús de ser Madre de los hombres acompañándolos en la oración con la que se dispone a recibir la Promesa de Cristo: «El Espíritu Santo que el Padre enviará en mi nombre, les enseñará todo y les recordará todo lo que yo les he dicho» (*Jn* 14, 26). La contemplación del Misterio de Pentecostés nos pide buscar la unidad de todos nosotros, «Que todos sean uno» (*Jn* 17, 21), mediante la solidaridad. El Espíritu Santo nos enseña que nuestra medida de ser cristiano es lo que hagamos a favor del otro, igual pero distinto que yo.

Pidamos a la Virgen que es Esposa del Espíritu Santo, que nos alcance de su Hijo la virtud de la fortaleza.

Jaculatoria

«Santa María, Templo y Trono del Espíritu Santo, ruega por nosotros».

Fragmento: La venida del Espíritu Santo,
Acisclo Antonio de Palomino, 1655-1726

La Asunción de la Virgen María a los cielos

«Para gloria de Dios omnipotente que otorgó su particular benevolencia a la Virgen María, para honor de su Hijo, Rey inmortal de los siglos y vencedor del pecado y de la muerte, para aumento de la gloria de la misma augusta Madre y gozo y regocijo de toda la Iglesia proclamamos, declaramos y definimos ser dogma divinamente revelado que la Inmaculada Madre de Dios, siempre Virgen María, cumplido el curso de su vida terrestre, fue asunta en cuerpo y alma a la gloria celestial» (Pío XII, *Declaración dogmática de la Asunción de la Virgen María a los cielos*, 1.XI.1950).

Reflexión

La contemplación de la Virgen que ha sido elevada al cielo en cuerpo y alma por Su Hijo, Redentor del hombre, nos permite tomar cada vez más conciencia de que nuestra vida se desarrolla en el tiempo, pero tiene como meta la eternidad. La Virgen es como el espejo de lo que Dios tiene preparado a los que lo aman. Ella es la primera testigo de la obra maravillosa de la Redención humana: con su resurrección y asunción a los cielos precede, por especial privilegio de Su Hijo, el destino reservado a todos los que peregrinan en la fidelidad de la fe, y desde el cielo, con su intercesión y protección acompaña la misión encomendada por Cristo a los discípulos.

Invoquemos a la Virgen María, que se encuentra en el cielo, que nos alcance de Su Hijo la virtud de la prudencia.

Jaculatoria

«Santa María, Virgen prudentísima, ruega por nosotros».

Fragmento: *La Asunción de la Virgen*,
Cristóbal de Villalpando

La Coronación de la Virgen María como Reina y Señora de todo lo creado

«Finalmente, la Virgen Inmaculada, preservada de toda mancha de culpa original, terminado el decurso de su vida terrena, fue asunta en cuerpo y alma a la gloria celestial y fue ensalzada por el Señor como Reina Universal con el fin de que se asemeje de forma más plena a su Hijo, Señor de los Señores (*Ap* 19, 16) y vencedor del pecado y de la muerte» (Concilio Vaticano II, *Constitución dogmática sobre la Iglesia*, 59).

Reflexión

La contemplación de María, como Reina, nos lleva a fijar los ojos en «la esclava del Señor»: la Virgen María con su asentimiento a la Palabra de Dios, recibiendo en su corazón y en su seno al Hijo de Dios, se puso en todo momento al servicio de la obra redentora de su Hijo, y recibiendo a los hombres que Cristo le entregaba en la Cruz, se pone al servicio de los hermanos de su Hijo y hoy desde el cielo su servicio alcanza una dimensión universal.

Pidamos la protección de la Virgen María para que nos alcance de Su Hijo la virtud de la templanza.

Jaculatoria

«Santa María, Madre de todos los hombres, ruega por nosotros».

(regresa a la página 8)

Fragmento: *Asunción y coronación de la Virgen*,
Juan Correa

Oraciones

Dios te salve, Reina y Madre de misericordia, vida, dulzura y esperanza nuestra; Dios te salve.
A ti llamamos los desterrados hijos de Eva; a ti suspiramos, gimiendo y llorando, en este valle de lágrimas.
¡Ea!, pues, Señora, abogada nuestra, vuelve a nosotros esos tus ojos misericordiosos; y después de este destierro, muéstranos a Jesús, fruto bendito de tu vientre. ¡Oh clemente!, ¡oh piadosa!, ¡oh, dulce siempre Virgen María!
Ruega por nosotros, santa Madre de Dios, para que seamos dignos de alcanzar las promesas de Nuestro Señor, Jesucristo. Amén.

ACORDAOS

Acuérdate, ¡oh piadosísima Virgen María!, que jamás se ha oído decir que ninguno de los que acuden a tu protección, implorando tu asistencia y reclamando tu socorro, jamás ha sido abandonado de ti. Animado por esta confianza a ti también acudo. ¡Madre, Virgen de las vírgenes!, y gimiendo bajo el peso de mis pecados me atrevo a comparecer ante tu presencia soberana. ¡No desprecies mis súplicas, Madre de Dios!, antes bien escúchalas y acógelas benignamente. Amén.

ACTO DE CONTRICCIÓN

¡Señor mío Jesucristo!, Dios y Hombre Verdadero, Creador Padre y Redentor mío, por ser Tú quien eres, bondad infinita, y porque te amo sobre todas las cosas, me pesa de todo corazón haberte ofendido; también me pesa porque puedes castigarme con las penas del infierno. Ayudado de tu divina gracia, propongo firmemente nunca más pecar, confesarme y cumplir la penitencia que me sea impuesta. Amén.

Misterios de la luz

La contemplación del Rostro de Cristo en su vida pública nos permite penetrar, de alguna manera, en el conocimiento del Misterio de Cristo, en el que están presentes los designios que Dios tiene sobre todo hombre y todos los hombres. Toda la vida de Jesús y sus acciones son signos luminosos de este misterio que Dios nos ha querido revelar, «Cristo no vivió su vida para sí mismo, sino para nosotros» (*Catecismo de la Iglesia Católica*, n. 514-521), a fin de que los hombres vuelvan a Dios y lo expresen en su relación con los demás hombres, es decir, para que los hombres creyendo en Él tengan vida eterna.

La contemplación de los Misterios de la vida pública de Jesús no es el simple recuerdo de un personaje que vivió entre nosotros, sino que es para tener un encuentro personal con Cristo presente en nuestro tiempo, vivo y glorioso para siempre, el Salvador del mundo (cfr. *Jn* 4, 1-42) y para vivir iluminados por Él, que es la luz del mundo: «Mientras estoy en el mundo, Yo soy la luz del mundo» (*Jn* 9, 3), a fin de que nuestra vida sea, a su vez, «luz del mundo» (*Mt* 5, 14).

La presencia de María nos acompaña en esta contemplación: Ella ha creído en su Hijo Jesús a quien, recién nacido, le fueron dirigidas aquellas palabras de Simeón, Él es «luz para iluminar a las gentes» (*Lc* 2, 32).

Oración

¡Oh María, que pones en nuestras manos las cuentas del Santo Rosario, enséñanos a rezarlo, convirtiéndonos, como tú, en auténticos contemplativos y testigos de Cristo! (Juan Pablo II, 27.X.2002).

El Bautismo de Jesús en el río Jordán

«Apenas fue bautizado, Jesús salió del agua. En ese momento se abrieron los cielos, y vio al Espíritu de Dios descender en forma de paloma y dirigirse hacia Él. Y se oyó una voz del cielo que decía: 'Este es mi Hijo, muy querido, en quien tengo puesta toda mi predilección'» (*Mt* 3, 16-17).

Reflexión

Contemplar el Bautismo de Jesús es entrar al Misterio más íntimo de Dios: Jesús nos revela que Dios es Padre, que Él es Su Hijo, y el Espíritu Santo es el Espíritu de Verdad, y nos da a conocer la Misión encomendada a Él por Su Padre: «El Espíritu del Señor está sobre Mí, porque me ha ungido para anunciar a los pobres la Buena Nueva, me ha enviado a proclamar la liberación a los cautivos y la vista a los ciegos, para dar libertad a los oprimidos y proclamar un año de gracia del Señor» (*Lc* 4, 18-19).

Acerquémonos a la Virgen María para que nos ayude a educar a nuestros hijos en la obediencia a la vocación que Dios le da a cada uno.

Jaculatoria

«Santa María, Madre del buen consejo, ruega por nosotros».

Fragmento: *El Bautismo de Cristo,*
Gerard David, 1505

«Se celebraron unas bodas en Caná de Galilea, y estaba allí la Madre de Jesús. Fue invitado también a la boda Jesús con sus discípulos. Y como faltaba vino, le dice a Jesús su Madre: 'no tienen vino'. Jesús le responde: '¿Qué tengo yo contigo, Mujer? Todavía no ha llegado mi Hora'. Dice Su Madre a los sirvientes: 'hagan lo que Él les diga'» (*Jn* 2, 1-5).

Reflexión

La contemplación de Jesús y María en las Bodas de Caná nos debe hacer examinar cómo son nuestras propias familias. ¿Enseñamos a los hijos a vencer el egoísmo que nos encierra en nosotros mismos sin preocuparnos por los demás? ¿Nos preocupamos por sus estudios, su tiempo libre y sus sentimientos?

Las palabras de la Virgen María: «hagan lo que Él les diga» son dirigidas a los discípulos de Cristo. Nos invitan a ser solidarios con los que pasan dificultades.

Jaculatoria

«Santa María, Madre de la divina gracia, ruega por nosotros».

Fragmento: *Bodas de Caná*,
Juan Correa

Jesús anuncia el Reino, invitando a la conversión

«Después que tomaron preso a Juan, Jesús fue a la provincia de Galilea, y empezó a proclamar la Buena Nueva de Dios. Hablaba de esta forma: 'El tiempo ha llegado, el Reino de Dios está cerca. Conviértanse y crean en la Buena Nueva'» (*Mc* 1, 15). «Predicaba la Buena Nueva del Reino y curando toda enfermedad y toda dolencia en el pueblo» (*Mt* 4, 23).

Reflexión

Contemplar a Jesús predicando el Reino de Dios es descubrir que Dios que se hace cercano a nosotros, porque ha sentido el clamor de su pueblo, vino a sanar a los enfermos, a resucitar a los muertos, a dar vista a los ciegos a fin de que libres de las ataduras del pecado y de la muerte, sirvamos a los demás de la misma manera que Jesús nos sirve a nosotros. El Reino de Dios es la sorpresa que Dios nos tenía reservada. Dios se acerca al hombre y a todo hombre para que nosotros nos acerquemos a los necesitados.

Pidamos a la Virgen que nos enseñe a vivir las palabras que Ella pronunció ¡He aquí la esclava del Señor!

Jaculatoria

«Santa María, causa de nuestra alegría, ruega por nosotros».

La Transfiguración

«Jesús toma consigo a Pedro, a Santiago y a su hermano Juan, y los lleva aparte, a un monte alto. Y se transfiguró delante de ellos: su rostro se puso brillante como el sol y sus vestidos blancos como la luz. En esto se les aparecieron Moisés y Elías que conversaban con Él. Tomando Pedro la palabra, dijo a Jesús: 'Señor, bueno es estarnos aquí. Si quieres, haré aquí tres tiendas, una para Ti, otra para Moisés y otra para Elías'. Todavía estaba hablando, cuando una nube luminosa los cubrió con su sombra y de la nube salió una voz que decía: 'Este es mi Hijo amado, en quien me complazco; escúchenlo'. Al oír esto los discípulos cayeron rostro en tierra llenos de miedo. Mas Jesús, acercándose a ellos, los tocó y les dijo: 'Levántense, no tengan miedo'. Ellos alzaron sus ojos y no vieron a nadie más que a Jesús solo» (*Mt* 17, 1-8).

Reflexión

La Transfiguración de Jesús nos lleva a creer que Jesús es verdadero Dios y, al mismo tiempo, verdadero Hombre. ¿Cómo podríamos contemplar a Cristo para ser sus testigos si desconocemos las Escrituras? ¿Cuánto tiempo hemos dedicado a leer la Sagrada Escritura? La vida cristiana es un continuo estar a la escucha de Jesucristo y poner en práctica sus enseñanzas: «todo el que oiga estas palabras mías y no las ponga en práctica, será como el hombre insensato que edificó su casa sobre arena» (*Mt* 7, 24).

Supliquemos a la Virgen María que nos alcance de Su Hijo la gracia de «escucharlo» y llevar a la práctica sus enseñanzas.

Jaculatoria

«Santa María, Madre de Jesucristo, ruega por nosotros».

Fragmento: *La Transfiguración*,
Cristóbal de Villalpando

La Institución de la Eucaristía

«Cuando llegó la hora, Jesús se puso a la mesa con sus Apóstoles y les dijo: 'con ansia he deseado comer esta Pascua con ustedes antes de padecer; porque les digo que ya no la comeré más hasta que halle cumplimiento en el Reino de Dios'. [...]. Tomó luego el pan, dio gracias, lo partió y se los dio, diciendo: 'Este es mi Cuerpo que se entrega por ustedes, hagan esto en memoria mía'. De igual modo, después de cenar, tomó la copa, diciendo: 'Esta copa es la nueva Alianza en mi Sangre, que se derrama por ustedes'» (*Lc* 22, 14-20).

Reflexión

Es tan decisivo el Sacramento de la Eucaristía para la salvación del género humano que Jesucristo nos lo deja como Luz que guíe nuestros pasos, a fin de que «los cristianos se sientan más que nunca comprometidos a no descuidar los deberes de su ciudadanía terrestre. Es cometido de los fieles contribuir con la luz del Evangelio a la edificación de un mundo habitable y plenamente conforme al designio de Dios» (Juan Pablo II, encíclica *sobre la Iglesia en la Eucaristía*, n. 11 y 20). Participar de la Eucaristía no es «un premio a nuestra buena conducta». Es compromiso a realizar: ser colaboradores en la construcción del Reino de Dios en la tierra.

Pidamos humildemente a la Virgen María que cada comunión con Jesús sea fuente de comunión con los demás, dando semillas de esperanza en nuestro obrar cotidiano.

Jaculatoria

«Santa María, Madre de la Iglesia, ruega por nosotros».

(regresa a la página 8)

Fragmento: *La Última Cena,*
Philippe de Chawpaigne, 1674